Paul Posener:

Grundriss des gesamten deutschen Rechts in Einzelausgaben

20. Band:

Brandenburg-Preußisch Rechtsgeschicht

J. J. Heines Verlag.
Berlin.

Preis 90 Pf.

Grundriß

des gesamten

deutschen Rechts

in Einzelausgaben

von

Paul Posener.

20. Band.

Brandenburg-preußische Rechtsgeschichte.

Berlin 1900.

J. J. Heines Verlag.

Abkürzungen

der geltenden Gesetze. (Die früheren Gesetze werden regelmäßig vollständig genannt.)

B = Bürgerliches Gesetzbuch.
C = Strafprozeßordnung. (C von Carolina!)
E = Einführungsgesetz zu —.
G = Gerichtsverfassungsgesetz.
H = Handelsgesetzbuch.
K = Konkursordnung.
L = Landesrecht.
M = Militär- —.
RV = Reichsverfassung.
S = Strafgesetzbuch.
VU = preußische Verfassungsurkunde.
W = Wechselordnung.
Z = Zivilprozeßordnung.

Die folgende Zahl giebt den Artikel oder Paragraphen an.

Vorwort.

Die Darstellung der brandenburg-preußischen Rechtsgeschichte ist zwar selten Gegenstand der ersten juristischen Prüfung; es könnte aber nicht schaden, wenn ein Mindestmaß der einschlägigen Kenntnisse auch hier verlangt würde. Jedenfalls wären solche zur Beurteilung der Entwickelung des preußischen Rechtes wesentlich von Vorteil.

Der vorliegende Band ist der 20. meines Grundrisses; in der dritten Abteilung gehen ihm voran: 18. römische Rechtsgeschichte, 19. deutsche Rechtsgeschichte.

Die erste Abteilung enthält das gesamte bürgerliche Recht: 1. allgemeiner Teil des bürgerlichen Gesetzbuches, 2. Recht der Schuldverhältnisse, 3. Sachenrecht, 4. Familienrecht, 5. Erbrecht, 6. Handelsrecht, 7. Wechselrecht.

Das öffentliche Recht wird in der zweiten Abteilung dargestellt: 8. Gerichtsverfassung, 9. Zivilprozeß, 10. Zwangsvollstreckung und Konkurs, 11. Staatsrecht und Verfassungsrecht, 12. Verwaltungsrecht, 13. Völkerrecht und internationales Recht, 14. Kirchenrecht, 15. Strafrecht, 16. Strafprozeß, 17. Militärrecht.

Jeder Beweis eines Interesses an meiner Arbeit wird mir Freude bereiten.

Breslau VII, im Oktober 1900.

Posener.

Inhaltsverzeichnis.

1. Abteilung:

Kurfürstenzeit.

1. Kapitel:

Bis zur Reformation.

§ 1. Verfassung.

I. Bereits Friedrich der Erste von Hohenzollern hatte große Schwierigkeiten, Huldigung des Adels der Mark zu erlangen. Insbesondere Kampf gegen die Quitzows mit Unterstützung der märkischen Städte und der benachbarten Fürsten. — Militärische Machtlosigkeit der Kurfürsten; kein stehendes Heer, nur 150 bis 200 Trabanten in Friedenszeiten. Im Kriegsfalle entweder Söldner werben [dazu aber Mittel von den Ständen bewilligen lassen, da die ordentlichen Einkünfte aus Domänen ꝛc. knapp für Ausgaben im Frieden reichten] oder Aufgebot der Ritterschaft sowie der streitbaren Mannschaft der Städte [nur möglich und brauchbar, solange die Unterthanen einverstanden und willig waren].

II. Joachim I. hebt Faustrecht auf, unterdrückt Wegelagerungen der Edelleute mit großer Strenge und nach langem Kampfe. [Vierteilung des Ritters Otterstädt 1509; Judenverfolgung in Berlin 1510; — Verträge zu Kottbus 1506 und zu Wilna 1514 zur Vermeidung der Fehden gegen Mecklenburg, Pommern bzw. Polen durch Einsetzung eines Gerichtes zur Entscheidung der Streitigkeiten; Kurfürst bereist 1515 sein Land.] Einsetzung des Kammergerichts vgl. w. u. S. 5. — Wegen des Landesaufgebotes: Edelmann von Minkwitz überfällt im Frieden Fürstenwalde; Kurfürst erläßt Aufgebot, angeblich kommen 40 000 Mann zusammen, aber Kurfürst muß sie nach Hause schicken, da sie allzu unbotmäßig sind; Kurfürst muß sich mit einer Art Abbitte des v. Minkwitz begnügen (1528).

III. Kurfürst Joachim II.: Stärkung der landesherrlichen Macht durch Einführung der Reformation, indem Aufsicht über niedrige Geistlichkeit sowie geistliche Gerichtsbarkeit in Ehesachen ꝛc. von den katholischen Bischöfen auf die landesherrlichen Konsistorien übergeht.

IV. Teilnahme der Stände an Gesetzgebung, ferner Steuerbewilligungsrecht. Bei Streit zwischen Kurfürst und Ständen (adlige Gutsbesitzer und Städte) Berufung der Stände an den Kaiser. — Kaiser Rudolf II. giebt 1586 dem Kurfürsten das privilegium de non appellando, und zwar aus dem Grunde, weil Kurfürst sich den Ständen gegenüber verpflichtet hat, alle Streitigkeiten einem Schiedsgerichte zu unterwerfen, sechs Personen zur Hälfte vom Kurfürsten, zur anderen von den Ständen ernannt.

V. Ständische Verfassung: ungerechte Bevorzugung der auf dem Landtage Vertretenen gegenüber der nicht vertretenen Mehrheit des Volkes. Zwangsrechte, Bannrechte, Stapelrechte, Zunftprivilegien der Städte gegenüber dem flachen Lande. Mißbrauch der Gerichtsbarkeit und der Polizeiverwaltung seitens der Edelleute gegenüber freien Bauern und Leibeigenen. [Hans Kohlhase, der märkische Roßkamm Michael Kohlhaas in der Kleistschen Novelle, beunruhigt 10 Jahre lang Sachsen, Brandenburg, Schlesien; seine Fehde geht sogar gegen den Kurfürsten von Sachsen.]

§ 2. Aemterwesen.

I. Seit dem 13. Jahrhundert hat der Markgraf einen eigenen Hofschreiber aus geistlichem Stande, scriptor notarius, protonotarius, cancellarius. Der erste bekannte Schreiber der Mark ist 1187 scriptor Hermannus.

II. 1445 Friedrich Sesselmann, früherer Pfarrer in Kadolsburg, ein geborener Franke aus Kulmbach, cancellarius Friedrichs II.; 1453 wird Sesselmann einer der 16 Vormünder des unmündigen Sohnes Friedrich II. [Vollmacht der Vormünder: „unseren lieben Sohn, alle unsere lieben Kinder und unser Land und Leute zu verwesen, alle Sachen zu handeln thun und lassen, Hauptleute und Amtleute zu setzen [d. h. anzustellen], in aller Maaße wir jetzund die verwesen.“] Nach Rückkehr Friedrich II. von seiner Pilgerfahrt zum heiligen Grabe ernennt er Sesselmann zum Bischof von Lebus.

III. Seit dem 13. Jahrhundert unter den Hofbeamten der Bedeutendste: der Hofmeister, Leiter des Hofhaltes und

Spitze der Landesregierung. — Anstelle der Grafen und Centenare werden Amtmänner, Vögte ꝛc. gesetzt, welche richterliche Gewalt und Obliegenheiten der Verwaltung in sich vereinigen; volle Ausübung der Gewalt aber nur auf den Domänen, denn Ritterschaft und landsässige Prälaten sowie Städte haben eigene Gerichtsbarkeit und zum Teil eigene Regierung. — Aufsichtsbeamte der Amtmänner sind Landvögte, Landeshauptmann, Vitztum ꝛc.

IV. Kanzleien, Hofräte, Oberräte. — Doktor Wolfgang Kettwich wird am 29. Juli 1515 als wesentlicher Hofrat auf Lebenszeit und als Diener von Haus aus von Kurfürst Joachim I. angenommen; wesentlicher Hofrat bedeutet: der ständig am Hofe Seßhafte (Stölzel); [Droysen: der nur bei wichtigen Gelegenheiten herangezogene Beamte; Bornhak: der nicht von den Ständen präsentierte Rat.]

§ 3. Gerichte.

I. Gerichtsgewalt. Landesherr ist Gerichtsherr oder Richt-Er; [Er bedeutet Herr (Stölzel), später nicht nur ehrendes Prädikat des geistlichen Standes, sondern auch der anderen höheren Stände; in den anderen Kasus: Ern, dieses also niemals Nominativ und niemals gleichbedeutend mit „Ehren" oder Ehrwürdig oder Ehrenhaft.] Gerichtsgewalt kann vom Landesherrn veräußert werden.

II. Für die Mark kein gemeinsames Landgericht und kein gemeinsames Hofgericht; die Hohenzollern sind nicht mit einem Lande, sondern einer Summe von Landen belehnt worden, daher „brandenburgische Lande": Altmark, Neumark, Priegnitz, Land Zauche, Land Teltow, Havelland, Uckermark, Land Lebus, Land Küstrin, Land Sternberg ꝛc. haben alle besonderes Landgericht und Hofgericht gehabt, welchem jeden der Kurfürst hätte vorsitzen müssen. Darum, solange nur loser Zusammenhang der einzelnen Landesteile, nimmt Kurfürst bald hier, bald dort längeren Aufenthalt.

[Burggraf Friedrich VI. von Nürnberg wird auf dem Reichstage zu Ofen durch Patente vom 8. und 11. Juli 1411 mit dem Rechte ausgedehntester Gerichtsbarkeit in der Mark Brandenburg belehnt; mit der Kur- und Erzkämmererwürde am 30. April 1415 durch Kaiser Siegismund auf dem Konzil zu Konstanz; nach der einen Ansicht als Pfand für Vorschüsse in Höhe von 400 000 ungarischen Gulden; — nach einer andern Ansicht wegen der Verdienste Friedrichs um die Wahl Siegismunds sowie deshalb, weil er und sein Begleiter, Bischof Johann von Lebus, die Anklage gegen Huß unterstützt haben, Siegismund habe sich nicht wegen eines Darlehns, sondern wegen der Aufwendungen, welche Friedrich auf die Mark mache, gegen Erstattung dieser Auslagen ein Wiederkaufsrecht vorbehalten.

Den versammelten Ständen der Mark werden die königlichen Huldigungsurkunden durch Johann von Waldow am 21. Oktober 1415 im hohen Hause zu Berlin vorgelesen; in diesem hohen Hause (Stölzel) markgräfliches Hof- oder Lehngericht; hier auch 1414 der Prozeß gegen Werner von Holzendorf wegen Aufnahme des geächteten Quitzow.]

III. Durch Rezeß des Landtages (Versammlung der Bischöfe, Prälaten, Ritter und Mannen) vom 17. Juni 1445 wird die Kompetenz der geistlichen und weltlichen Gerichte gegen einander abgegrenzt. Weltlicher Gerichtsherr ist befugt, den seiner Kompetenz unterworfenen, vor geistlichem Gerichte Beklagten Laien durch den geistlichen Richter an weltliches Gericht zu verweisen; die Verweisung der Sache nur dann wirksam, wenn Kläger vor dem weltlichen Gerichte binnen sechs Wochen sein Recht erhält; geschieht dies nicht, dann kann Kläger wieder an geistliches Gericht gehen, welches den Beklagten in den Bann zu thun hat. — Vor das kurfürstliche Hofgericht oder Landgericht sollen die Untersassen der Prälaten, Ritter und Stände kommen; allerdings hiermit konkurrierend Patrimonialgerichtsbarkeit (weltlich), wenn binnen sechs Wochen erledigt; sonst wieder kurfürstliche Gerichtsbarkeit. — Kurfürstliche Lehnsleute, welche innerhalb der geistlichen Stifter wohnen, befreit vom geistlichen Gerichte, wenn sie dies selbst wollen; aber geistliche Sachen unbedingt vor geistliches Gericht.

IV. Gericht vor der Brücke zu Tangermünde 1358, ursprünglich zur Neumark gehörig (vor der Brücke ist rechtes Elbufer), aber auch Gericht des altmärkischen Vogtes, daher gemeinsam für beide Marken (Kühns). Dieses selbe Gericht in dem Rezesse als Hof- und Landgericht bezeichnet (Stölzel); durch den Rezeß erhält dieses Gericht eine subsidiäre Kompetenz für alle weltlichen Sachen, gemeines Landgericht für die ganze Mark; eventuell auch zuständig für jeden „dem Rechts verzogen oder geweigert“ worden ist, und welchem „Rechts verholfen“

werden sollte. Ferner: ausschließliche Zuständigkeit des kurfürstlichen Gerichts für Klagen gegen Ritterbürtige. Tangermünder Gericht Gegenstand der Belehnung, bis zur Reformation von rechtsungelehrten Laien verwaltet, daher gegenüber dem Kölner Hofgericht von ganz geringer Bedeutung (Stölzel).

V. Hofgericht vor dem Schlosse in Köln, Residenz des Kurfürsten. Zum Schutze des kurfürstlichen Münzrechtes gegenüber städtischen und ausländischen Prägungen setzt Friedrich II. einen Fiskalprokurator ein, welcher die Strafgelder für die landesherrliche Kammer beizutreiben hat; sämtliche Streitigkeiten hierüber sollen vor „unseres Hofes Kammergericht" kommen (1468; hat aber schon früher bestanden). Ursprünglich schwankende Bezeichnung: Hofgericht und Kammergericht gleichbedeutend; da aber Kammer nur beim Landesherrn, Hofgerichte hingegen zerstreut im Lande, erhält Kammergericht höhere Bedeutung, das eine Kammergericht wird höhere Instanz oder privilegiertes Gericht gegenüber den vielen Hofgerichten. Albrecht Achilles stärkt 1472 als iudex et conservator privilegiorum illustrissimi principis deputatus die weltliche Gerichtsbarkeit gegenüber der geistlichen. [Dispositio Achillea vom 24. Februar 1473: es dürfen höchstens drei Regenten vorhanden sein, nämlich je einer für Brandenburg, für Ansbach, für Bayreuth, weitere Teilungen unzulässig]. Durch Stiftung des Reichskammergerichtes Anregung zu ähnlicher Gestaltung des kurfürstlichen Gerichtes, zumal erster kaiserlicher Kammerrichter der kurfürstliche Rat und Hauptmann von Zossen, Eitelwein von Zollern, gewesen ist. Berliner Kammergerichtsordnung Joachims I. als Entwurf 1516, jedoch wieder fallen gelassen. Durch Landtagsbeschluß von 1526 Reform verschoben; immer noch kommissarische Entscheidung durch mehrere verordnete Räte, insbesondere Kanzler und zwei Legisten.

VI. Durch Johann Cicero Gründung der Universität Frankfurt betrieben, päpstlicher Freibrief vom 15. Juni 1498, kaiserlicher Stiftungsbrief vom 26. Oktober 1500 (also nach Johanns Tode unter Joachim I.) Des weiteren päpstliches Privileg vom 15. März 1506; darauf Eröffnung der Universität am 26. April 1506. Hervorragende Bedeutung der Universität für die Stärkung des gelehrten Elementes gegenüber den Laienrichtern, aber auch, obwohl ursprünglich im engen Anschlusse an die Kirche, zur Trennung des Rechtes und damit der Gerichte von der Kirche.

§ 4. Einwirkung der Reformation.

I. Insbesondere Hervortreten der Reformation an den Universitäten, nicht nur in der Theologie, sondern auch Jurisprudenz.

II. Markgraf Johann von Küstrin schließt sich 1535 dem Bunde der Evangelischen an. Joachim II. beruft Magister Johann Weinleb als Rechtsbeistand nach Berlin, welcher bereits im selben Jahre ein „Bedenken, wie die Ratsstube zu ordnen," erstattete. 1538 ernennt Joachim den Weinleb zum Hofrate und Hofdiener „mit Wesen" am Hofe. 1539 nimmt Joachim in Spandau am 1. November von Mathias von Jagow, dem Bischofe von Brandenburg, das Abendmahl in beiderlei Gestalt. Joachim ist bestrebt, in seinem Lande einen Ausgleich zwischen der lutherischen und der katholischen Lehre herbeizuführen. [Noch heute der Geistliche von St. Marien in Berlin mit weißem Chorhemde; Luther: „hat Euer Herr Kurfürst von einer Chorkappe oder Chorrock, die ihr anzieht, nicht genug, so zieht deren drei an."]

III. Weinleb entwirft eine Kirchenordnung und eine Visitation der ganzen Kur zu Brandenburg zum Zwecke der Festlegung des Kirchenvermögens. — Landtag der Stände an Lätare 1540 (8. März): Kammergerichtsreformation, aber keine Erledigung der Kirchenordnung; Judika 1540 wird anerkannt, daß die Kinder aus Ehen lutherischer Geistlicher legitim und erbberechtigt seien. — Durch diese Kammergerichtsordnung ist Hofgericht und Kammergericht verschmolzen, von jetzt an zum Hof- und Kammergerichte verordnete Räte.

IV. Universität Frankfurt 1538 hac aestate scholastici et professores ex Academia secesserunt propter pestilentiam, von 1540 an wieder Immatrikulationen, im selben Jahre sendet Joachim seine beiden ältesten Söhne auf die Universität als erste Hohenzollern.

V. Weinleb 1550 Kanzler; 1551 wird Lampert Distelmeier Hofrat, oculus et lumen Marchiae, geb. zu Lüneburg als Sohn des gleichnamigen Schneiders, (diese Abstammung hat Distelmeier immer verborgen). — Wegen einer Aufforderung des Papstes zur Teilnahme des Kurfürsten an einem Konzile zur Vereinigung der verschiedenen Religionsparteien 1560 Disputation vor Joachim II.; sein Wort an die päpstlichen Gesandten: „so mögt Ihr mit Eurem Konzil zum Teufel fahren, ich will bei meinem Christo bleiben."

VI. Zu Naumburg 1561 Scheidung zwischen Lutheranern und Calvinisten, Distelmeier vertritt lutherische Abendmahlslehre.

VII. Auf Verlangen des Kaisers Ferdinand beschickt Joachim das tridentiner Konzil. — 1562 Wahl von Ferdinands Sohn Maximilian mit Unterstützung Joachims zu Frankfurt zum römischen König.

VIII. Lampert Distelmeier wird 1558 Kanzler. 1561 neumärkische Kammer- und Hofgerichtsordnung, ferner Ordnung der neumärkischen Kammer- und Hofgerichtsräte und Kanzlei; Bestimmung, daß der Kanzler auch in Küstrin vorsitze. — 1562 für die Altmark Ordnung der Räte des Kammergerichts und Ordnung der Kanzlei des Kammergerichts; die wesentlichen Hofräte sollen im Sommer um 6, im Winter um 7 Uhr morgens sich in der Ratsstube des Schlosses zur Arbeit einfinden.

IX. Distelmeier veranlaßt Aufnahme der brandenburger Linie in den nach dem kinderlosen Versterben Herzog Albrechts von Preußen zu Lublin unterzeichneten Lehnbrief vom 19. Juli 1569.

X. Nach Joachims Tode 1571 beruft 1572 Johann Georg den Landtag. — 1573 Visitations- und Konsistorialordnung, verfaßt von Hofrat Doktor Mathias Chemnitz; Konsistorium besondere Behörde für geistliche Angelegenheiten. — Distelmeier weiht am 22. November 1574 das Gymnasium zum grauen Kloster ein. — 1588 Distelmeier gestorben.

XI. Distelmeier Sohn, Christian Distelmeier, geboren zu Berlin im Mai 1552, wird Nachfolger seines Vaters, unter dem er bereits 10 Jahre gearbeitet hatte. Entwurf eines märkischen Landrechts 1595, ausgehend von der Joachimika, Carolina, Kammergerichtsordnung, ferner deutsches Gewohnheitsrecht und aushilfsweise römische Sätze. 1598 Christian Distelmeier in Ungnaden seiner Stellung von Joachim Friedrich enthoben, weil er an dem Testamente Johann Georgs mitgewirkt hatte, in welchem Johann Georg zu Ungunsten des Kurprinzen und zu Gunsten des ältesten Sohnes dritter Ehe entgegen der dispositio Achillea die Neumark dem Sohne dritter Ehe gab. Johann von Löben wird an seiner Stelle Kanzler 1598 bis 1609; 1609 wird Christian Distelmeier kurfürstlicher geheimer Rat. Christian Distelmeier stirbt am 12. Oktober 1612.

XII. Johann Siegismund tritt zum Calvinismus über am 18. Dezember 1613 und erklärt den Uebertritt den zur Sitzung des Geheimenrats versammelten Räten.

2. Kapitel:

Dreißigjähriger Krieg.

§ 5. Verfassungsreformen.

I. Während des Dreißigjährigen Krieges zeigt sich die Unmöglichkeit, auf Grund der alten ständischen Verfassung das nun bereits ausgedehnte Land (Mark, Ostpreußen, Jülich) zu beschützen. Auf Landesaufgebot 1627 kommen nur 3000 Mann zusammen, Ritterschaft und Bürgerschaft verweigern Gehorsam; [„der Herr omnes in Berlin sagen, sie wollten nicht auf die Wache ziehn, da sie nur Calvinisten bewachen sollten, die alle dem Teufel angehörten"; Bericht des Kanzlers Friedrich Bruckmann.] — Mittel zur Beschaffung einer Armee werden verweigert.

II. Wallenstein besetzt Ende 1627 die Mark und bleibt drei Jahre lang darin; zur Aufbringung der großen Kosten zur Verpflegung der Truppen und Beschaffung des Vorspanns werden durch Reskript vom 16. April 1627 Kreiskommissarien eingeführt, welche von den Ständen zwar gewählt, aber vom Kurfürsten bestätigt wurden. — Seit Anfang des 17. Jahrhunderts allgemein Kriegskommissarien neben den Heeren für die Militärverwaltung; seit Einrichtung der stehenden Heere ständig ein Generalkriegskommissar und mehrere Ober- und Kriegskommissare, welche neben Militärverwaltung auch Steuern erheben und Landespolizeiverwaltung haben. Für die Einzelbeamten später Kollegien, Provinzialkommissariate und darüber das Generalkommissariat eingesetzt.

Unter den Oberkommissaren bezw. den späteren Provinzialkommissariaten sind Organe der lokalen Verwaltung: die Land- und Marschkommissare in den Provinzen, anfänglich bloß für Militärverwaltung, später jedoch auch für Steuer- und Polizeiverwaltung.

Seit dem siebzehnten Jahrhunderte Kreisverfassung der einzelnen Landesteile eine kommunale Organisation für die Kriegssteuerverwaltung, später auch zu anderen Verwaltungszwecken. Von den Ständen gewählte Kreisdirektoren an der Spitze der

Kreise; die Kurfürsten haben ihnen häufig das Amt der Land- und Marschkommissare anvertraut. Seit dem 18. Jahrhundert heißen sie Landrat. Nachdem ständische Verfassung verfallen, bilden sich Landräte zu landesherrlichen Beamten aus, aber Präsentationsrecht der Kreisstände bleibt erhalten.

Insbesondere für die Städte commissarii loci, Steuerkommissarien für Erhebung der Accise; später aber überhaupt für Verwaltung der städtischen Angelegenheiten, insbesondere Polizei.

III. Kurfürst Georg Wilhelm schrieb 1625 eine Kontribution aus, Grund- und Einkommensteuer für Anwerbung und Unterhalt der Truppen. — Der große Kurfürst fand 1640 eine kleine angeworbene Armee vor, welche er sofort verstärkte und besser ausbildete; Kontribution blieb, in den Städten aber seit 1641 die Accise. — Nach dem westfälischen Frieden behält der große Kurfürst seine Armee als stehendes Heer und dem entsprechend erhebt er Kontribution und Accise. — 1653 bewilligt der Landtag der Stände, daß die bisherigen Steuern weiter erhoben werden sollen; damit haben die märkischen Stände Bedeutung verloren, wenngleich sie noch öfters bei Feierlichkeiten zusammentreten.

IV. In den kleineren Territorien Entwickelung der Stände entsprechend der Mark. —

Hiergegen im Herzogtume Preußen großer Widerstand. Der Oberlehnsherr, König von Polen, unterstützt und beschützt die ständische Freiheit, der preußische Adel versucht, eben so unabhängig zu werden wie der polnische. Bei dem allgemeinen Landesaufgebote, welches der große Kurfürst infolge seiner Beteiligung am polnisch-schwedischen Kriege 1655 erließ, nicht der geringste Erfolg. Daher verheeren 1656 Kosaken und Tartaren im Bunde mit Polen das Herzogtum Preußen. Die Stände bewilligen darauf 1657 nur unter großer Anstrengung des Kurfürsten die Mittel für 5000 Mann, fordern aber als bedeutend wichtiger die Ausweisung der vom großen Kurfürsten in Schutz genommenen Juden und Mennoniten aus Preußen. — Polnische Lehnsherrlichkeit im Frieden von Oliva 1660 aufgehoben, obwohl preußische Stände dagegen und Huldigung verweigern. Der große Kurfürst bestätigt aufs Neue ihre Rechte, insbesondere 1662 das Recht auf schiedsgerichtliche Entscheidung bei Streitigkeiten zwischen ihm und den Ständen [von den

13 Schiedsrichtern werden je sechs vom Kurfürsten einerseits, den Ständen andererseits ernannt; die 12 wählen einen Dreizehnten als Obmann.] — Huldigung der preußischen Stände 1663 [Schiedsgericht niemals in Thätigkeit gewesen; allerdings häufig Gewaltakte notwendig, z. B. Verhaftung des von Kalkstein 1670 in Warschau und Hinrichtung auf Befehl des Kurfürsten.]

Kurfürst insbesondere für das Wohl des Landes, vornehmlich auch der Bauern und Gutsunterthanen; Gedanke der Aufhebung der Leibeigenschaft (1662) ist aber von dem großen Herrscher wieder aufgegeben worden.

§ 6. Geheimerat.

I. Kanzleien ursprünglich unter Mitwirkung des Kurfürsten zur Erledigung der Geschäfte. Später Kanzlei selbständig, Kurfürst behält sich einzelne Angelegenheiten persönlich vor und diese berät er mit dem Geheimenrate. Oesterreichischer Geheimerrat 1527 errichtet [Rosenthal]; kursächsischer 1574) von Römer); bayrischer Ende des 16. Jahrhunderts (v. Seydel); brandenburgischer 1604 (Bornhak, Stölzel); württembergischer geheimer Regierungsrat 1628 (v. Sarwey).

II. In Brandenburg neben dem Kanzler seit 1602 der Viezekanzler in geheimen Sachen beirätig. Der einzelne unzureichend, da zuviel wichtige Geschäfte; daher treten mehrere Beamte, welche zu Kammergerichts- und geheimen Räten ernannt waren, in Sitzungen mit den zu geheimen und Hofräten ernannten Beamten regelmäßig zusammen, um die geheimen Sachen zu erledigen. Geheimratsordnung vom 13. Dezember 1604; — Geheimeratsstube. Justizsachen gehören nicht vor den geheimen Rat, außer bei persönlicher Zuweisung durch den Kurfürsten oder im Falle der Abwesenheit des Kurfürsten bei Behandlung einer Justizsache als einer „geheimen".

III. Unter Johann Siegismund Zerfall des Geheimenrats; der Geheimerat ebensowenig wie die obersten Beamten Joachim Friedrichs bei Johann Siegismund beliebt, sein Vertrauter ist Erbmarschall und geheimer Oberkammerrat Adam Gans Edler zu Putlitz; die jülichschen Sachen dem Geheimenrate entzogen ꝛc. — Neue Geheimratsordnung vom 25. März 1613, Bruckmann Geheimer Kammerrat und Vizekanzler. Selbständige Existenz sowohl des Kammergerichtes als auch des Geheimenrates, namentlich wegen des geplanten Konfessionswechsels, auf Betreiben des

Markgrafen Georg von Jägerndorf, welcher den Reformierten ebenso wie der Kurfürst geneigt war. — Zuständigkeit des Geheimenrates insbesondere Religionsstreitigkeit der protestantischen Union gegen die katholische Liga, Abfassung einer Landesordnung darüber, „wie stark man auf den eiligen Notfall zu Roß und zu Fuß aufkommen könne“, ferner Abfassung der Gesandteninstruktionen und der Memorialen. Aber andere Stellung gegenüber dem Kammergerichte, welches 1613 nur acht Kammergerichtsräte hatte; daher holt sich Kammergericht bei dem Geheimenrate Rechtsbelehrung in schwierigen Fällen, an sich aber Justizsachen nicht zur Zuständigkeit des Geheimenrats.

IV. Neben dem Geheimenrate seit dem großen Kurfürsten ein aus dem Geheimenrate genommener Ausschuß, das landesherrliche Kabinett, für diejenigen Angelegenheiten, welche der Kurfürst sich selber vorbehält.

§ 7. Zeit nach dem Kriege.

I. Gerichtsorganisation. Im Frieden zu Osnabrück 1648 erhält Schweden für alle Reichslehen das Privilegium de non appellando mit der Befugnis, einen höchsten Gerichtshof einzusetzen; in Wismar 1653 das hohe Tribunal unter Mevius (Stintzing). — Daher vorerst vom Kurfürsten eine dritte Instanz für ravensberger Justizsachen als supremum iudicium appellationis 1653 in Berlin eingesetzt. Sodann gemäß dem Frieden von Wehlau Oberappelationsgericht zu Königsberg als höchste Instanz für das Herzogtum Preußen; darin Beweis, daß Brandenburg Souveränität über Preußen erlangt habe. In Brandenburg vorläufig „Geheimeräte zu den Verhören“. Oberpräsidenten des Geheimenrats. — Revision der Kammergerichtsordnung auf Betreiben des großen Kurfürsten.

II. Geheimerat Ende des 17. Jahrhunderts umgewandelt in den „Wirklichen Geheimen Etatsrat.“

III. Eberhard Dankelmann vom Kurfürst Friedrich III. 1688 zum Wirklichen Geheimen Etats- und Kriegsrat ernannt; [geheime Sachen bedeutet nichts anderes als Staatssachen; Stölzel]. Uebrigens hat Dankelmann den preußischen Devotionsstrich eingeführt. — Sylvester Jakob von Dankelmann 1688 bis 1695; Eberhard von Dankelmann Oberpräsident und Erster Etats-Minister 1695 bis 1697; gestürzt, „weil er allem, was in der königlichen Sache passierte, völlig kontradizierte.“ Ersetzt durch Kolbe (späterer Graf von Wartenberg), welcher auf die Pläne des Kurfürsten bezl. Erlangung der Königswürde am ehesten einging.

IV. Leibnitz, Naturrecht. — Kammergerichtsordnung für die Neumark vom 11. Dezember 1700.

2. Abteilung:

Königszeit.

1. Kapitel.

Reformjahre.

§ 8. Materielles Recht.

I. Frankfurter Fakultät, welche constitutiones in causis dubiis entwerfen sollte, wegen der „unglaublichen Mühe" am 31. Dezember 1700 vorstellig geworden, daß in sechs Monaten, wie Kurfürst Friedrich III. es verlangt, unmöglich. — Mitwirkung des Kammergerichts. Vorläufig Einzelgesetzgebung: Edikt über die Kontrakte Unmündiger vom 10. September 1701; Wechselrecht in der Kur- und Mark Brandenburg 1702; Edikt wegen des Lagerbuchs vom 20. September und 22. November 1704; Edikt wegen der General- und stillschweigenden Hypotheken und der Moratorien vom 31. Dezember 1705.

II. Allerhöchste Order vom 18. Juni 1714, Auftrag an die Juristenfakultät zu Halle, nach einem genau ausgearbeiteten Plane (Cocceji) die Konstitutionen auszuarbeiten. Abfassung sollte sein „auf das Leichteste, damit sie auch vom gemeinen Manne leichtlich verstanden und in allen Punkten dadurch den weitläufigen Prozessen möge abgeholfen werden; — die natürliche Billigkeit vor Augen haben; — das alte römische Recht insoweit beizubehalten, als es sich auf den Zustand dieser Lande schickt;" insbesondere noch Bevorzugung deutscher Benennungen, als Vorbild wird das preußische Landrecht von 1685 empfohlen, jedoch nicht soviel römisches Recht sei aufzunehmen als in dieses. Leitung der Fakultät: Thomasius. Außerordentlicher Einfluß von Leibnitz, sein Tod (14. November 1716) bringt Unternehmen zum Stocken. — Verbessertes Landrecht des Königreichs Preußen vom 17. Juni 1721.

III. Strafrecht vgl. w. u. S. 16.

§ 9. Gerichtsorganisation und Prozeß.

I. Kammergerichtsordnung vom 1. Mai 1709 verlangt für Obergerichte gelehrte Mitglieder; dasselbe Erfordernis auch für Untergerichte 1748 codex Fridericianus Teil III, 4 §§ 2 bis 4; — [noch bis Friedrich Wilhelm I. können Patrimonialgerichte auf Todesstrafe erkennen, dagegen in der Regel kein Rechtsmittel, höchstens in besonderen Fällen Nichtigkeitsklage, ferner meistens keine Bestätigung des Landesherrn bei Todesurteilen erfordert].

II. Aufhebung der Hexenprozesse durch Friedrich Wilhelm I. in der Verordnung vom 13. Dezember 1714: kein auf Tortur oder gar auf Todesstrafe lautendes Urteil darf ohne ausdrückliche königliche Bestätigung vollstreckt werden, die Brandpfähle sind wegzunehmen. [Hiermit in Preußen Ende der Hexenprozesse; in Würzburg 1749 eine siebzigjährige Nonne verbrannt, in Landshut 1756 ein dreizehnjähriges Mädchen geköpft, in Glarus (Schweiz) 1782 eine Magd hingerichtet, allemal wegen Hexerei.]

III. Kriminalordnung Friedrich Wilhelms I. vom 6. Juli 1717, anfänglich in der Kurmark, dann in allen Landesteilen; Prinzipien: Urteil von anderer Behörde zu fällen, als derjenigen, welche Untersuchung führt; Angeklagter Rechtsmittel der weiteren Verteidigung; Inquisitionsprozeß unter Anwendung der Tortur; bei schwereren Strafen, insbesondere Todesstrafe, königliche Bestätigung zur Vollstreckung notwendig. [Friedrich Wilhelm I., oberster Richter des Landes, hält sich daher befugt, Strafurteile zu mildern oder zu schärfen; z. B. Kriegs- und Domänenrat von Schlubuth in Königsberg 1731 auf Befehl des Königs hingerichtet, obwohl wegen Unterschlagung vom Kriminalkollegium in Berlin nur zu Festung verurteilt; Worte des Königs, als von Schlubuth darauf hinwies, er habe die Gelder ersetzt: „ich will Dein schelmisches Geld nicht haben". — Niemals aber Einmischung in Zivilsachen; als ein Kriegsrat wegen der vielen vom Fiskus verlorenen Zivilprozesse dem Könige riet, den geheimen Justizrat besser auf das königliche Interesse zu stimmen, schrieb der König an den Rand: „Narr, Narr, Narr, wenn Du nicht eines Obersten Sohn wärest, würde ich Dir 100 Prügel geben lassen."]

IV. Abschaffung der Tortur durch Kabinettsorder Friedrichs des Großen vom 3. Juni 1740 „außer bei dem crimen laesae

Majestatis und Landesverräterei und denen große Mordthaten oder wo viele Delinquenten .... impliziert sind". Auch diese Fälle abgeschafft 1754 und 1756. [Abschaffung der Tortur in Kursachsen erst 1770, Frankreich 1780 und 1789, sonst erst 19. sc.] Gerichtsurteile auf mehr als zwei Jahre Freiheitsstrafe gelten als Gutachten, nach Bestätigung durch den Justizminister hat Angeklagter Rechtsmittel der weiteren Verteidigung; über zehn Jahre und bei Todesstrafe Vollstreckung nur, wenn Bestätigung durch den König erfolgt.

V. Geheimes Justizkollegium 13. August 1703 bis zur Einrichtung des Oberappellationsgerichtes beauftragt, die aus den Provinzen im deutschen Reiche einkommenden appelationes anzunehmen; „gemeine Bescheide" eingeführt als bindende Vorschriften über die Behandlung der casus dubii. — Kammergerichtsordnung vom 1. März 1709 (Wambold, Bewert); ein Präsident und zehn Räte, davon die Hälfte aus dem Herren- und Ritterstand, Aktenversendung zugelassen, jedoch Parteien und Anwälten ist zur Verhütung von Beeinflussung Ort der Spruchfakultät zu verheimlichen, diese Spruchfakultät entscheidet in des Königs Namen in der Appellationsinstanz gegen das Kammergericht. — [Adreßkalender Berlins von 1708 (Stölzel): erste Abteilung königlicher Hof, zweite Abteilung Collegia und Aemter; und zwar a. geheimer Staatsrat besetzt mit 13 wirklichen geheimen Staatsräten; b. geheimer Kriegsrat, besetzt mit 4 wirklichen geheimen Kriegsräten; c. erster Staatsminister heißt der Chef des gesamten Hofstaats, die anderen Staatsräte jedoch noch nicht den Ministertitel, Geschäfte der Staatsräte: Präsidium des Konsistoriums, Direktorium des Lehnwesens, Direktorium des Hofgerichts oder der Hausvogtei, Präsidium des Oberappellationsgerichts und des französischen Oberkonsistoriums; von den Geschäften des Staatsrats getrennt: Präsidium des Kammergerichts, Präsidium des geheimen Justizkollegiums.]

§ 10. Friedrich Wilhelm I.

I. Auf Protest des Landtagsmarschalls der Provinz Preußen 1717 gegen Einführung der allgemeinen Grundsteuer erwidert Friedrich Wilhelm I.: „Ich stabiliere die Souveraineté wie einen Rocher von Bronce"; General-Hufen-Schoß 1719 ohne Zustimmung der Stände als Grundsteuer eingeführt. — Bei Protest der magdeburgischen Stände gegen Abgabe der Ritterpferdegelder weist Friedrich Wilhelm I. am 20. Dezember 1722 das Generaldirektorium an: „wir sind doch Herr und König und können thun, was wir wollen.“ [Unter Friedrich Wilhelm I. Königtum auch pekuniär derartig stark, daß Leopold von Dessau vorschlägt, König solle alle Rittergüter kaufen und so alleiniger Gutsherr werden; auf Anraten des Generals von Grumbkow unterlassen.]

II. Vereinigung der Amtskammern [Provinzialverwaltungsbehörden über den Landräten, zur Erhebung der Domänengefälle und Steuern für die Zivilverwaltung] und der Kriegskommissariate [vgl. w. o. S. 8]. Durch Patent Friedrich Wilhelms I. vom 24. Januar 1723 zu Kriegs- und Domänenkammern; zuständig für die Militär-, Polizei-, Steuer-, Forst-, Domänen-Sachen in den Provinzen, unter ihnen die Landräte bezw. commissariarii loci; Kammern ferner noch Gerichtsbarkeit in Sachen der Finanzverwaltung und Landespolizei. — Ueber den Kriegs- und Domänenkammern ebenfalls seit 1723 das General-Ober-Finanz-Kriegs- und Domänen-Direktorium, abgekürzt Generaldirektorium, entstanden durch Vereinigung das Generalkommissariats und des General-Finanz-Direktoriums (der früheren geheimen Hof-Kammer). — Der Geheime Rat immer mehr verfallen, schließlich nur noch für Erledigung der Justizangelegenheiten als Justizdepartement. — Neben diesen beiden Behörden durch Friedrich Wilhelm I. Kabinettsministerium oder Departement für die auswärtigen Angelegenheiten gebildet. — Freiherr v. Cocceji 1773 Ministre Chef de Justice.

III. Edikt über die Inalienabilität der alten und neuen Domänengüter vom 13. August 1713: der Krone und Kur werden alle erworbenen und zu erwerbenden Leute, Länder, Güter und Einkünfte auf ewig einverleibt; kein Unterschied mehr zwischen Schatullgütern und Domänen, beide Arten gelten jetzt als rechte Domanial-, Kammer- und Tafelgüter und haben als solche Inalienabilität. [A. L. R. II 14, 11: Domänen- oder Kammergüter stehen im Eigentume des Staates, in Benutzung des Staatsoberhauptes. Durch Verordg. wegen der künftigen Behandlung des gesamten Staatsschuldenwesens vom 17. Januar 1820 aus gewissen Domänen und Forsten ein Kronfideikommißfonds gebildet, dessen Rente von 2500000 Thlr. jährlich zum Unterhalte der königlichen und prinzlichen Hofstaaten bestimmt; —

dies in VU 59 ausdrücklich bestätigt. Durch Gesetz vom 30. April 1859: 500000 Thlr. Erhöhung, Gesetz vom 27. Januar 1868: 1000000 Thlr. Erhöhung, Gesetz vom 20. Februar 1889: 3500000 Mark Erhöhung, mithin gegenwärtige Dotation der Krone 15500000 Mark.]

IV. Verordg. Friedrich Wilhelms I. vom 5. Januar 1717: die vom Könige zu Lehen erhaltenen Güter werden unter Vorbehalt der Rechte der „Agnaten" (richtiger: Schwertmagen) und Mitbelehnten für freies Eigentum der Vasallen erklärt; an die Stelle der vom Lehnsmanne zu prästierenden Dienste tritt Abgabe.

V. Verordg. vom 17. März 1739: Einziehen der Bauerngüter durch Edelleute wird mit Geldstrafe belegt, jede wüst werdende Bauernstelle ist sofort mit einem Hofewirte zu belegen. — Prügelmandat vom 4. April 1738 gegen „das barbarische Wesen, die Unterthanen gottloser Weise mit Prügeln oder Peitschen wie das Vieh anzutreiben," zur Arbeit sollen die Unterthanen durch Spannen in den Stock und Umhängen des spanischen Mantels, ev. durch Bestrafung mit Festungsarbeit angehalten werden; Ostpreußen aber vom Verbote ausgenommen, „weil das Volk daselbst sehr faul, gottlos und ungehorsam ist."

§ 11. Materielles Strafrecht.

I. Allmählich statt der verstümmelnden und Leibesstrafen Gefängnis eingeführt.

II. Verordg. von 1735: jeder Hausbediente, der seinem Herrn mehr als 3 Thlr. Wert stiehlt, soll vor der Thür des Bestohlenen aufgehängt werden. [Nur zwei solche Hinrichtungen.]

III. Insbesondere die Zigeuner: a. Friedrich I. (24. November 1710) befahl, alle Zigeuner sollen gehängt werden; b. Friedrich Wilhelm I. (4. Januar 1726): alle Zigeuner über 16 Jahre hängen, darunter ins Zuchthaus.

IV. Verordnung vom 10. Februar 1715: Betteln soll hart bestraft werden, jede Stadt bezw. jedes Dorf hat die betr. Armen notdürftig zu versorgen; Kollekten in den Gemeinden mit Pflicht zur Beitragsleistung, die „Morosi, welche sich zu ihrer christlichen Schuldigkeit in Bezug auf die Beiträge zur Kollekte garnicht anschicken wollten," sollen vom Geistlichen vermahnt, ev. vom Magistratus loci zu proportioneller Leistung genötigt werden.

§ 12. Friedrich der Große.

I. Abschaffung der Tortur vgl. w. o. S. 13 Nr. IV.

II. Kindsmord durch Kabinettsorder vom 31. Juli 1740 mit Hinrichtung durch das Schwert bestraft; [früher nach Carolina: Säcken; verschärft dadurch, daß die Kindsmörderin selbst den ledernen Sack nähen muß, in welchem sie ersäuft wird.]

III. Diebstahl durch Kabinettsorder vom 8. April 1750 abgestuft: a. wenn aus Unbesonnenheit, Armut und dgl. begangen, dann weder Todesstrafe noch lange Freiheitsstrafe; b. wenn Dieb „einen Mord begangen oder bei Straßenräubereien oder gewaltthätigem Einbrechen und darauf geschehenem Binden der Leute oder wenn ganze Diebes-Complotts sich finden," dann Todesstrafe bezw. lebenslängliche oder vieljährige Festungsarbeit.

IV. Prozeßreform vom 4. April 1748 (Cocceji): Entwurf des codex Fridericianus Marchicus, aber mit Gesetzeskraft, denn nur deshalb „Entwurf", weil Stände gehört werden sollten, diese aber nicht gehört worden sind; insbesondere: keine Aktenversendung mehr, auch an Untergerichten nur gelehrte Richter, höchster Gerichtshof für alle Lande der Krone außer Provinz Preußen; — durch privilegium de non appellando 1751 ist Reichskammergericht nicht mehr Instanz über den Landesgerichten. Auch auf Preußen 1772, 1774 ausgedehnt; „Geheimes Obertribunal 1772; [seit Verordnung vom 2. Januar 1849 „Obertribunal"].

§ 13. Allgemeines Landrecht.

I. Großkanzler Kasimir Freiherr von Carmer 1779 bis 1798; Order des Königs: Verhütung ungerechter Urteile gegen Bauern, Hinzuziehung von Sachverständigen, bei jedem Urteile Angabe des „modus procedendi, warum so und nicht anders gesprochen", Mindestalter für Richter an Obergerichten: 35 Jahre. [Anlaß hierzu: Müller Arnold und seine Ehefrau waren von Ritterschaftsdirektor und Landrat von Gersdorff auf Rückstände der Grundabgaben verklagt; Einrede der beiden Beklagten, Grundherr habe am Mühlenflusse Karpfenteich angelegt, ihnen dadurch Wasser zum Betriebe und damit Möglichkeit zur Abgabenleistung entzogen; da nach Zeugenaussagen und Augenschein Karpfenteich alt und nur wiederhergestellt erschien und außerdem kein Wasser entzog, ist Einrede von neumärkischer Regierung in erster, vom Kammergerichte in zweiter Instanz verworfen. Mühle zwangsweise verkauft. Arnold mit Immediatsupplik an König, welcher ihn kannte, da er Wegweiser im schlesischen Kriege gewesen war. König beauftragt Oberst in Küstrin, als Kommissar Sache zu untersuchen; dieser nebst seinem Auditeur, einem von der neumärkischen Regierung kassierten Advokaten; ungünstiger Bescheid über Regierung. Richter kassiert; zu Großkanzler Fürst: „Marsch, Seine Stelle ist schon vergeben!" Arnold Mühle wiedererhalten, Richter zu Entschädigung und Festung ohne Urteil verdonnert. Nunmehr Reformen Carmer's.]

II. Prozeßreform 26. April 1781: Untersuchungsverfahren, Richter hat von Amtswegen Wahrheit durch Befragen der Parteien zu ermitteln; Advokaten abgeschafft, Parteien müssen vor Gericht erscheinen. 1783 „Justizkommissarien" (für „Advokaten") eingeführt. — [Durch die Verordnungen vom 1. Juni 1833 und 21. Juli 1846 beseitigt.]

III. Ausarbeitung durch Suarez (hierüber insbesondere Stölzel). Erster Entwurf 1784—1788, damit sich jeder darüber äußere; durch Kabinettsorder vom 27. August 1786 ordnet Friedrich Wilhelm II. Befragung der Stände an; nach Berücksichtigung der Monita durch Publikationspatent vom 20. März 1791 als „allgemeines Gesetzbuch für die preußischen Staaten" mit Kraft vom 1. Juni 1792 verkündet. — Aber vor Gesetzeskraft bereits am 18. April 1792, wieder suspendiert, überarbeitet und schließlich durch Patent vom 7. Februar 1794 als allgemeines Landrecht mit Kraft vom 1. Juni 1794 verkündigt.

IV. A. L. R. enthält sowohl öffentliches als auch Privatrecht. Dem Reiche gegenüber Unabhängigkeit des Souveräns; [bereits 1750 das Kirchengebet für den römischen Kaiser in der ganzen Monarchie abgeschafft]. Hauptsätze: Adel vornehmlich zu Aemtern geeignet; keine Beschränkung des Königs durch die Stände. Ehe zwischen Adel und einer niederen Bürgerlichen oder Bauernmädchen absolut nichtig; [früher: Verlust des Adels, aber gültige Ehe.] Bürgerliche dürfen Rittergüter nicht erwerben oder besitzen; Rittergutsbesitzer hat Patrimonialgerichtsbarkeit, ist Ortsobrigkeit der zugehörigen Landgemeinde. — Unbedingte Religions- und Gewissensfreiheit, aber Aufsichtsrecht des Staates über Kirchen; (Unterscheidung: anerkannte — geduldete Religionsgesellschaften). — Hypotheken nur zu bestellen durch Eintragung in die Hypothekenbücher; [bereits eingerichtet durch Hypothekenordnung 1783.] — Verträge schriftlich; [so bereits durch Verordnung 1770 angeordnet.] — Im Strafrechte: qualifizierte Todesstrafen noch beibehalten; [diese Strafen, Rädern, Verbrennen 2c. bei lebendem Leibe erst durch Strafgesetzbuch vom 14. April 1851 beseitigt.] Todesstrafe nicht mehr bei Diebstahl; Prügelstrafe im A. L. R. nur in wenigen Fällen, aber durch Verordnung vom 26. Februar 1799 in größerem Umfange (auch bei Diebstahl, Raub) eingeführt.

2. Kapitel:

Niedergang und Neuerrichtung des Staates.

§ 14. Bis zur Auflösung.

I. Bis 1806 König absolut, von den Ständen in keiner Beziehung beschränkt: aber große Vorrechte des Adels, insbesondere bei Besetzung der Aemter und Offiziersstellen, auch Bevorzugung der Adelsgüter.

II. Militärwesen. Seit Auflösung des Lehnsverbandes Söldnerheere; [Artikulsbriefe unter Albrecht Achilles 1474; vgl. Grundriß Band 17, S. 1.] Seit dem großen Kurfürsten stehendes Söldnerheer; Aushebung von Bürgern nur für Grenze oder Festung, nicht über 5000 Mann. — Seit Kabinettsorder vom 1. und 18. Mai 1733 durch Friedrich Wilhelm I. für jeden Truppenteil Kanton bestimmt, aus welchem auszuheben ist. Befreiung vom Militärdienste ursprünglich durch Kantonreglement vom 15. September 1733 nur für Adel und für Bürger mit 10000 Thlr. Mindestvermögen; später für die Einwohner der großen Städte, Beamtensöhne (außer den niederen Subalternen), erste Bauernsöhne; daher Heer aus den niedersten Ständen und Söldnern, auch aus Dieben, Betrügern 2c. (welche statt Gefängnis dienen) zusammengesetzt. 20 Jahre Dienstzeit, aber sehr viel Urlaub. Materiell günstige Stellung der Soldaten, hoher Sold und reiche Gelegenheit zu Nebenverdienst, daher unter Friedrich dem Großen fast die Hälfte der Gemeinen verheiratet. Keine Möglichkeit aber, daß Gemeiner zum Offizier avanciert, denn Offiziere nur von Adel; [so seit Anfang des 18. sc.; nur bei Artillerie Bürgerliche zu Offizieren.] Militärstrafrecht mit Rücksicht auf die Zusammensetzung des Heeres sehr streng, insbesondere Spießrutenlaufen; daher Desertion und Wehrpflichtentziehung sehr häufig. Durch Edikt vom 4. Dezember 1764 Daumenverstümmelung bei harter Strafe untersagt.

III. Steuern. Ursprünglich Erträge des landesherrlichen Kammergutes zur Bestreitung der Kosten des fürstlichen Haushaltes und für die Landesverwaltung; ferner Erträge der Regalien, d. i. der vom Kaiser verliehenen nutzbaren Hoheitsrechte. Unterthanen leisten nur freiwillig oder dann, wenn bittweise von den Landständen Verpflichtung dazu erlangt ist (Beden). — Steuern: auf dem Grundbesitze lastende Vermögenssteuern (Landsteuer, Hufensteuer); ursprünglich seit dem großen Kurfürsten dauernd in den älteren Provinzen eingeführt, von Friedrich dem Großen auch für Westpreußen und 1744 Schlesien; indessen brandenburgische und pommersche Rittergüter steuerfrei (ausgenommen aber Lehnpferdegelder). — Seit dem dreißigjährigen Kriege Grundbesitz devastiert, daher für mobiles Kapital Accise, regelmäßig in Städten, auf dem Lande bleibt Grundsteuer. [Kontribution heißt die Grundsteuer seit dem dreißigjährigen Kriege, weil für Militärzwecke.] — Regie: seit 1766 Tabak- und Kaffeehandel monopolisiert; der allgemeinen Unzufriedenheit wegen Monopol 1787 von Friedrich Wilhelm II. aufgehoben; Salzmonopol (seit 1725) blieb bestehen. — Stempelsteuer seit 1682.

IV. Indirekte Steuern: Merkantilsystem, Beschränkung der Ausfuhr roher Produkte und der Einfuhr von Manufakturwaren. — Großer Kurfürst verbietet 1644 Wollausfuhr, 1650 Flachs- und Hanfausfuhr; Friedrich der Große setzt durch Verordnung vom 3. April 1774 Todesstrafe auf Wollausfuhr.

§ 15. Reformen.

I. Die eine Reorganisation vorbereitenden Reformen insbesondere durch den energischen und von der zwingenden Notwendigkeit der Reform überzeugten König Friedrich Wilhelm III. durchgeführt, sodann Freiherr vom und zum Stein, Fürst Hardenberg, Beyme, von Schoen, von Scharnhorst, von Boyen ꝛc. Reformen durchaus nach französischem Muster, so auch ausdrücklich hervorgehoben im Gesetze vom 27. Oktober 1810 und im Gendarmerieedikte vom 30. Juli 1812; (insbesondere nach den Gesetzen des Königreichs Westfalen).

II. Materielles Recht. Landeskulturedikt vom 9. Oktober 1807 erkärt alle Einwohner des Staates für fähig, Grundeigentum jeder Art (also auch Rittergüter!) zu erwerben und Hypotheken jeder Art zu bestellen; ausgenommen nur die Mennoniten, welche von Religionswegen nicht alle Pflichten leisten. [Bezeichnung des Ediktes; weil: „die vorhandenen Beschränkungen teils im Besitz und Genuß des Grundeigentums, teils in den persönlichen Verhältnissen des Landarbeiters der Wiederherstellung der Kultur eine große Kraft entziehen."] Abschaffung der Gutsunterthänigkeit seit Martini 1810, damit auch Erbittung des gutsherrlichen Konsenses zu Heirat, Dienstverhältnis, Gewerbe weggefallen. [Martini, der 11. November, Erinnerungsfest an den ersten, von der römischen Kirche öffentlich verehrten Heiligen. Martin, geboren 316 zu Sabaria (das heutige Stein am Anger in Ungarn), Soldat, wird 375 Bischof von Tours, verbreitet Christentum unter Galliern, stirbt 400. Seine Kappe wird Heerfahne der fränkischen Könige, daher capella. Schutzpatron Frankreichs, ferner von Mainz und Würzburg. — Martini ist nicht, wie häufig falsch gesagt wird, nach Martin Luther genannt, vielmehr hat Luther, geboren 10. November 1483 zu Eisleben, seinen Vornamen nach dem Schutzheiligen Martin erhalten]. Weiterer Ausbau des Landeskulturediktes durch die Edikte vom 14. September 1811 betr. Beförderung der Landeskultur und betr. die Regulierung der gutsherrlich-bäuerlichen Verhältnisse; auch die kleinen Leute (Käthner, Büdner, Häusler, Tagelöhner) sollen Grundeigen erwerben können.

Gewerbefreiheit durch Edikt vom 2. November 1810 eingeführt, Zunftszwang, ausschließliche Gewerbeberechtigungen 2c. beseitigt.

Judengesetze. Durch Judenedikt von 1750 den Juden Grunderwerb untersagt, erniedrigende Beschränkungen bei Niederlassung und Verheiratung, Verbot des Aufenthalts in gewissen Städten, Leibzoll. Der aufgeklärte Friedrich der Große jagt 1772 4000 Juden aus Westpreußen und duldet nur eine fest bestimmte Zahl. Durch Edikt vom 11. März 1812 betr. die bürgerlichen Verhältnisse der Juden werden Juden verpflichtet, Familiennamen zu führen, privatrechtliche Gleichstellung mit Christen, Tragung aller öffentlichen Lasten, aber Ausschluß von öffentlichen Aemtern; (also noch weit vom französischen bezw. westfälischen Vorbilde entfernt).

III. Behörden. Verordnungen vom 16. Dezember 1808 und 27. Oktober 1810; — Staatsrat nicht mehr verwaltend, sondern zur Beratung der von der Regierung ihm übergebenen Gesetzesentwürfe; Abgrenzung der einzelnen Ressorts gegen einander (Verwaltung — Justiz); die Kriegs- und Domänenkammern heißen Regierungen; vgl. Grundriß Band 8, S. 15. — Städtische Gerichtsbarkeit beseitigt.

IV. Steuern. Aufhebung aller Grundsteuerbefreiungen durch Gesetz vom 27. Oktober 1810; „fernerweites" Edikt über die Finanzen des Staates vom 7. September 1811.

V. Kommunen. Städteordnung vom 19. November 1808 größere Selbständigkeit, Mitwirkung der Bürger; Magistrat durch Stadtverordnete, diese wieder von den Bürgern zu wählen. — Durch Gendarmerieedikt vom 30. Juli 1812 Selbständigkeit der Landgemeinden, Vereinigung der Rittergüter mit ihnen. Kreisvertretung durch Wahl; an der Spitze der Polizeiverwaltung des Kreises der Landrat (Kreisdirektor).

VI. Militärwesen. Verordnung vom 9. Februar 1813: für die Zeit des Krieges von 1813 wird allgemeine Wehrpflicht ohne jeden Standesunterschied statuiert, Stellvertretung beim Dienste gesetzlich verboten; dies nach dem Kriege für die Dauer festgelegt durch Verordnung vom 3. September 1814, ferner Einteilung des Heeres in Linie und Landwehr I. und II. Aufgebots.

[Auflehnung gegen die Reformen, insbesondere seitens der märkischen Stände 1811; daher schickt z. B. Fürst v. Hardenberg den Rittergutsbesitzer v. Marwitz auf Festung.]

§ 16. Neuordnung.

I. A. L. R. in neuen Provinzen eingeführt, ausgenommen Rheinprovinz (französisches Privat-, Strafrecht, Verfahren) und Neuvorpommern sowie Bezirk des Justizsenats Ehrenbreitenstein (in beiden gemeines Recht). — Gleichmäßiges Steuerwesen, jedoch bei Grundsteuer provinzielle Verschiedenheiten. — Gleichmäßiges Militärwesen.

II. Einteilung des Staates in zehn Provinzen [später acht] durch Verordnung vom 30. April 1815; Regierungsbezirke, Kreise. An der Spitze der Kreise: Landräte; der Regierungsbezirke: Regierungskollegien; der Provinzen: Oberpräsidenten.

III. Stände. Durch Verordnung vom 22. Mai 1815

Reorganisation der bestehenden Provinzialstände und Einführung solcher in den Provinzen, wo sie noch nicht bestanden haben. [Auf Veranlassung Preußens in deutscher Bundesakte Artikel 13: „In allen Bundesstaaten wird eine landständische Verfassung stattfinden."] Von den Provinzialständen solle Landesrepräsentation gewählt werden; aber vorläufig keine Möglichkeit zu Weiterentwickelung, da die Thätigkeit in der Organisation der einzelnen Landesteile sich erschöpfte.

3. Kapitel:

Die Zeit bis zur Verfassung.

§ 17. Verfassung.

I. Im deutschen Bunde reaktionäre Bestrebungen; Karlsbader Beschlüsse. — Kommission unter dem Vorsitze des Kronprinzen veranlaßt, daß Landesrepräsentation nicht stattfinde, nur Provinzialstände seien zu bilden; daher Gesetze vom 5. Juni 1823 und im Besonderen vom 1. Juli 1823 und 27. März 1824, wonach Provinzialstände beratend bei provinzieller Gesetzgebung, Verwaltung der Provinz und schließlich bei einzelnen allgemeinen Angelegenheiten Recht auf Beschwerde und Bitte.

II. Beim Regierungsantritte Friedrich Wilhelms IV. Adresse der ostpreußischen Stände; Wunsch, daß das königliche Versprechen vom 22. Mai 1815 gehalten und Verfassung gegeben werde. — Patent vom 3. Februar 1847 betr. die ständischen Einrichtungen, ferner drei Verordnungen über Bildung des vereinigten Landtages, Zusammenberufung des vereinigten ständischen Ausschusses, Bildung der ständischen Deputation für das Staatsschuldenwesen. Der vereinigte Landtag (Zusammenfassung aller Provinziallandtage) in zwei Häusern: a. Herrenkurie, bestehend aus königlichen Prinzen und den Virilstimmberechtigten; b. Ständekurie, Vertreter der drei Stände. Befugnisse: Beratung bei Gesetzgebung, Einführung bezw. Erhöhung von Steuern, Aufsicht über Staatsschuldenverwaltung und Zustimmung zu Anleihen, Petitionsrecht. Erste Sitzung: 11. April 1847; Erklärung der Stände, daß das königliche Versprechen vom 22. Mai 1815 nicht gehalten sei; Wahrung der Volksrechte!

III. Infolge der Volksbewegung 1848 wird durch Gesetz vom 8. April 1848 eine Versammlung berufen, um mit Regierung Verfassung zu beraten; Eröffnung am 22. Mai 1848 zu Berlin; da keine Verständigung, Auflösung am 5. Dezember 1848.

IV. Am 5. Dezember 1848 wird provisorische Verfassung durch den König oktroyiert; interimistische Wahlgesetze vom 6. Dezember 1848 für erste und zweite Kammer, welche Verfassung revidieren sollen. Beginn der Kammerverhandlungen am 26. Februar 1849; Auflösung der zweiten Kammer am 29. April 1849. Durch die Regierung auf Grund des Notverordnungsrechts wird Wahlgesetz vom 30. Mai 1849 oktroyiert, in welchen Dreiklassensystem [statt des allgemeinen, gleichen Wahlrechtes] angeordnet wird. Dieses Wahlgesetz von beiden Kammern später gebilligt. Nach Beendigung der Verfassungsrevision wird am 31. Januar 1850 revidierte Verfassungsurkunde für den preußischen Staat verkündet. — Aufhebung der Zensur 1848!

§ 18. Zivilrecht rc.

I. Drei Rechtsgebiete; Abfassung eines einheitlichen Gesetzbuches beabsichtigt. Durch Kabinettsorder vom 9. Februar 1832 besonderes Gesetzgebungsministerium eingerichtet: 1832 bis 1842 von Kamptz, 1842 bis 1848 von Savigny; [daneben der Staats- und Justizminister für die Justizverwaltung.] Kein Resultat, weil Herstellung der Kodifikation der Provinzialrechte alle Kräfte absorbierte. Sonst nur hervorzuheben aus Thätigkeit des genannten Ministeriums der Entwurf einer Wechselordnung; [1847 in Leipzig durchberaten, durch Gesetz vom 1. Mai 1849 von der Nationalversammlung als Gesetz für Deutschland eingeführt.]

II. Gemeinheitsteilungsordnung vom 7. Juni 1821: Gemeindewiesen, Hütungsflächen rc. werden geteilt, daher Hebung des Ackerbaus und Wohlstandes. Zur Ordnung der Teilungen und der Ablösungen der Dienste rc. durch Verordnung vom 20. Juni 1817 Generalkommissionen eingesetzt. — Durch Gesetze vom 2. März 1850 betr. Ablösung der gutsherrlich-bäuerlichen Dienste und Abgaben und betr. Bildung von Rentenbanken definitive Ordnung.

III. Gewerbeordnung vom 17. Januar 1845: Gewerbefreiheit; Beschränkungen für den handwerksmäßigen Betrieb (Meister- und Gesellenprüfungen) durch Gewerbeordnung vom 8. Februar 1849.

IV. Aktiengesellschaften: durch Gesetz vom 9. November 1843 zur Begründung landesherrliche Erlaubnis verlangt, Geschäftsführung unter Staatsaufsicht.

V. Armenpflege durch Gesetz vom 31. Dezember 1842 geordnet: Pflicht der Gemeinden oder selbständigen Rittergüter, ihre Armen zu pflegen; sind sie materiell nicht in der Lage oder sind Arme nicht irgendwo heimatsberechtigt, dann Unterstützung Sache des Landarmenverbandes (zusammenfallend mit Provinz); Rechtsweg wegen nicht genügender Unterstützung ausgeschlossen, nur Beschwerde im Verwaltungswege.

VI. Freizügigkeit durch Verordnung vom 31. Dezember 1842: jeder arbeitsfähige und unbescholtene Inländer muß aufgenommen werden.

§ 19. Strafrecht und Verfahren.

I. Strafgesetzbuch vom 14. April 1851: auf Grundlage des französischen Rechtes, unter erheblicher Milderung der Strafen; Prügelstrafe (noch im A. L. R.!) schon 1848 aufgehoben; Todesstrafe nur noch einfach, ferner nur bei Mord, Hochverrat, Landesverrat.

II. Zivilprozeß. Der einfachere und schnelle französische Prozeß in der Rheinprovinz bleibt in der Rheinprovinz auf Veranlassung von Beyme an Stelle der beabsichtigten Einführung der allgemeinen Gerichtsordnung; durch Gesetze vom 1. Juni 1833, 14. Dezember 1833 und Verordnung vom 21. Juli 1846 Prozeß nach französischem Muster reformiert; durch Gesetz vom 2. Januar 1849 Gerichtsverfassung abgeändert; vgl. Grundriß Band 8, S. 15.

III. Strafprozeß durch Verordnung vom 17. Juli 1846 und Gesetz vom 3. Januar 1849 nach französischem Vorbilde reformiert: Anklagegrundsatz, Mündlichkeit, Oeffentlichkeit (Vorverfahren bleibt geheim), Geschworenengerichte; [Laienelement in der Rechtspflege, wohl auch nach englischem Vorbilde; dürfte als Muster einer unzutreffenden Analogie gelten].

§ 20. Verwaltung.

I. Ministerien. Seit 1810 Departements der auswärtigen Angelegenheiten, des Innern, der Justiz, des Krieges, der Finanzen; durch Kabinettsorder vom 3. November 1817 ꝛc. Ministerium der geistlichen, Unterrichts- und Medizinalangelegenheiten abgezweigt; durch Order vom 27. März 1848

Ministerium für Handel, Gewerbe und öffentliche Arbeiten; dieses wiederum geteilt durch Erlaß vom 7. August 1878 und Gesetz vom 13. März 1879 in: Ministerium für Handel und Gewerbe und Ministerium für öffentliche Arbeiten; durch Erlaß vom 25. Juni 1848 rc. abgezweigt landwirtschaftliches Ministerium, später Ministerium für Landwirtschaft, Domänen und Forsten.

II. Staatsrat eingeführt durch Verordnung vom 20. März 1817; Vereinfachung der Beratungen des Staatsrates durch Verordnung vom 6. Januar 1848. [Seit 1848 eigentlich untergegangen; 1884 wieder ins Leben gerufen.]

III. Kommunen. Revidierte Städteordnung vom 17. März 1831. — Landgemeinden der sechs östlichen Provinzen wie früher, nur daß Schulze dem Gutsherrn Gehorsam nicht mehr schwört, sondern durch Handschlag an Eidesstatt versichert. Dagegen in Westfalen und Rheinprovinz Kommunen sehr selbständig, kleine zusammen mit Gütern bilden Samtgemeinden, Aemter. [Gesetze vom 31. Oktober 1841 und 23. Juli 1845.]

IV. Zollverein: die in Preußen selbst bestehenden Zollschranken durch Gesetz vom 16. Mai 1818 beseitigt; Verträge mit den anhaltischen Herzogtümern 1823, 1826, 1828; mit Großherzogtum Hessen 1828; Gründung des deutschen Zollvereins durch Vereinigung mit dem süddeutschen Zollverein [Bayern, Württemberg und die beiden Hohenzollern] unter Ausschluß Oesterreichs am 22. März 1833; [Hauptverdienst an der Gründung des Zollvereins, welcher Grundlage des neuen deutschen Reiches geworden ist, haben Friedrich Wilhelm III. und J. F. A. Eichhorn.]

In Preußen Freihandel, alle Binnenzölle aufgehoben, Beseitigung der Ausfuhrverbote, auf Einfuhr Finanzzölle zum Schutze der inländischen Industrie. — Gesetz vom 8. Februar 1819 betr. Steuern auf Getränke und inländischen Tabak; Gesetze vom 30. Mai 1820: Klassensteuer, Gewerbesteuer; — Grundsteuer unverändert geblieben.

FSC
www.fsc.org
MIX
Papier | Fördert
gute Waldnutzung
FSC® C083411

Kolibri 360 GmbH
Ferdinand-Jühlke-Straße 7
99095 Erfurt, Deutschland
produktsicherheit@kolibri360.de